Verantwortung im Wandel der Zeit. Individuelle Entscheidungen, ESG und Künstliche Intelligenz im Spannungsfeld ethischer Herausforderungen

Tim Rösch

Bibliografische Information der Deutschen Nationalbibliothek:

Die Deutsche Nationalbibliothek verzeichnet diese Publikation in der Deutschen Nationalbibliografie; detaillierte bibliografische Daten sind im Internet über http://dnb.d-nb.de abrufbar.

ISBN: 9783346852236
Dieses Buch ist auch als E-Book erhältlich.

© GRIN Publishing GmbH
Nymphenburger Straße 86
80636 München

Druck und Bindung: Books on Demand GmbH, Norderstedt Germany
Gedruckt auf säurefreiem Papier aus verantwortungsvollen Quellen

Das Buch bei GRIN: https://www.grin.com/document/1347874

Verantwortung im Wandel der Zeit:
Individuelle Entscheidungen, ESG und Künstliche
Intelligenz im Spannungsfeld ethischer Herausforderunge

Studiengang: MBA Digitale Transformation

Name: Tim Rösch

Inhaltsverzeichnis

1 Einleitung

"Für seine Handlungen sich allein verantwortlich fühlen und allein ihre Folgen, auch die schwersten, tragen, das macht die Persönlichkeit aus." – Ricarda Huch. In Anlehnung an dieses treffende Zitat widmet sich diese Hausarbeit der Verantwortung in verschiedenen Bereichen, von der individuellen Verantwortung bis hin zu ESG und künstlicher Intelligenz.

Im zweiten Kapitel steht das Thema der individuellen Verantwortung im Mittelpunkt, basierend auf Julian Nida-Rümelins Werk "Verantwortung für internationale Gerechtigkeit: Die globale Herausforderung". Hier werden die grundlegenden Ideen und Konzepte aus Nida-Rümelins Text erörtert und ihre Bedeutung für eine gerechtere Welt diskutiert.

Das dritte Kapitel befasst sich mit dem Thema ESG (Environmental, Social, and Governance) und dessen Beziehung zu Führung, dem unternehmerischen Umfeld, der Umwelt und dem strategischen Kontext. Dabei wird untersucht, wie die ESG-Prinzipien in verschiedenen Aspekten des Geschäftslebens implementiert werden können und welchen Einfluss sie auf die Entscheidungsfindung und die langfristige Nachhaltigkeit von Unternehmen haben.

Im vierten Kapitel werden die elementaren Aussagen von Luciano Floridi in seinem Artikel "Ultraintelligent Machines, Singularity, and Other Sci-fi Distractions about AI" auf leicht verständliche Weise zusammengefasst, als ob der Autor der Hausarbeit sie seiner Großfamilie erklären würde. Dabei wird auf die Bedeutung von Floridis Argumenten für die aktuellen Diskussionen rund um künstliche Intelligenz und ihre möglichen Auswirkungen auf die Gesellschaft eingegangen.

Diese Hausarbeit soll somit ein breites Spektrum an Themen beleuchten, die alle auf die eine oder andere Weise mit Verantwortung und den Herausforderungen unserer Zeit verknüpft sind. In jedem Kapitel wird versucht, sowohl theoretische als auch praktische Perspektiven aufzuzeigen, um ein umfassendes Verständnis der jeweiligen Themen zu vermitteln

2 Individuelle Verantwortung und Institutionelle Strukturen: Zusammenwirken für eine gerechte und nachhaltige Welt

In unserer heutigen globalisierten und komplexen Welt stellt sich oft die Frage, inwieweit das Handeln des Einzelnen einen Unterschied bewirken kann und welche Rolle das Prinzip der individuellen Verantwortung spielt. In diesem Zusammenhang werden wir uns auf den Artikel „Verantwortung für internationale Gerechtigkeit: Die Globale Herausforderung" des Philosophen Julian Nida-Rümelin beziehen, um die Bedeutung von individueller Verantwortung und ihre Wechselwirkung mit institutionellen Strukturen zu untersuchen.

In seinem Artikel argumentiert Nida-Rümelin, dass die menschliche Verantwortung unumgänglich ist und sowohl individuell als auch kollektiv und politisch gilt.[1]

Der Autor argumentiert, dass das Streben nach Gerechtigkeit verschiedenen Strategien folgt, wie zum Beispiel der Umverteilung von Ressourcen oder der Durchsetzung von Rechten, die über Staatsgrenzen hinweg gelten. In der heutigen globalisierten Gesellschaft spielen die Entscheidungen, die Individuen treffen, eine entscheidende Rolle und sind von großer Bedeutung. Er betont, dass jeder Mensch eine moralische Verpflichtung hat, seinen Beitrag zur Schaffung einer gerechteren und nachhaltigeren Welt zu leisten.

Individuen sollten sich bei jeder Entscheidung der direkten und indirekten Auswirkungen bewusst sein. Ein bekanntes Beispiel, das gut zu diesem Konzept passt, sind die Kaufentscheidungen von Individuen. Durch den bewussten Konsum von ethisch produzierten Waren oder die Unterstützung von Unternehmen, die solche Praktiken fördern, tragen Individuen zu einer positiven und nachhaltigen Geschäftsstrategie bei und leisten so einen Beitrag zur Gesellschaft. Darüber hinaus sind Unternehmen gezwungen, ihre Strategien auf ähnlich nachhaltige und faire Produkte umzustellen, wenn genügend Menschen dies fordern. Ein Beispiel hierfür ist adidas, das mit seiner Strategie "Parley for the Oceans" der Plastikverschmutzung der Ozeane den Kampf ansagt. Das Unternehmen arbeitet daran, die Plastikverschmutzung der Ozeane zu reduzieren, indem es Plastik mit Partnerorganisationen sammelt und in neue Produkte einarbeitet. Im Jahr 2019 stellte adidas bereits 11 Millionen Paar Schuhe aus recyceltem Plastik aus den Meeren her.[2]

---

[1] Vgl. Nida-Rümelin u.a. (2019) S. 6.
[2] O. V. (2022).

Ein weiteres Beispiel ist Dell, welche Computer aus im Ozean gefischtem Plastik herstellt. Viele weitere Unternehmen folgen diesem Trend und tragen somit zu einer nachhaltigeren und gerechteren Welt bei. Die Entscheidungen der Individuen können hierbei einen entscheidenden Einfluss auf die Geschäftspraktiken und das Streben nach Gerechtigkeit haben.

Die Anerkennung der individuellen Verantwortung verdeutlicht, dass wir uns nicht ausschließlich auf die Handlungen von Institutionen verlassen müssen, sondern diese aktiv mitgestalten können. Jedes Individuum hat somit die Möglichkeit, seine Kaufentscheidungen kritisch zu hinterfragen und zu beurteilen, welchen Beitrag es damit leistet. Es ist wichtig zu betonen, dass die Entscheidung und die damit verbundene Verantwortung der Einzelnen nicht dazu gedacht ist, alle Probleme im Alleingang zu lösen. Vielmehr geht es darum, durch individuelles Handeln und das bewusste Ausrichten der Entscheidungen an den persönlichen Möglichkeiten, einen nachhaltigen Beitrag zur Gesellschaft zu leisten.

Insgesamt stellt die individuelle Verantwortung den Ausgangspunkt dar, von dem aus die gemeinsame Zukunft gestaltet werden soll, um eine bessere, nachhaltigere und gerechtere Welt zu schaffen. Durch das Zusammenwirken bewusster Entscheidungen jedes Einzelnen können wir gemeinsam eine positive Veränderung bewirken und den Weg zu einer gerechteren Gesellschaft ebnen.

Wie bereits erwähnt, besteht ein Wechselspiel zwischen individueller Verantwortung und institutionellen Strukturen. Nida-Rümelin argumentiert, dass beide Aspekte sich gegenseitig ergänzen sollten, um nachhaltige und gerechte Veränderungen zu erreichen. Individuelles Handeln bildet den Grundstein, um gesellschaftliche Normen zu verändern und gleichzeitig politischen Druck auszuüben, um notwendige Reformen durchzusetzen. Zum Beispiel können Konsumenten durch ihre Kaufentscheidungen Druck auf Unternehmen ausüben, ethische und ökologische Standards einzuhalten. Dadurch wird die institutionelle Struktur innerhalb der Wirtschaft beeinflusst. Indem Einzelpersonen ihre Entscheidungen bewusst treffen und auf verantwortungsvolle Produkte und Dienstleistungen setzen, können sie zu einem Wandel in der Wirtschaft und Gesellschaft beitragen.

In diesem Zusammenspiel zwischen individueller Verantwortung und institutionellen Strukturen ist es wichtig, dass beide Aspekte harmonisch zusammenwirken, um eine nachhaltigere und gerechtere Welt zu schaffen. Jeder Einzelne hat die Möglichkeit, durch sein Handeln sowohl gesellschaftliche Normen zu beeinflussen als auch politische Veränderungen voranzutreiben, die wiederum auf institutioneller Ebene zu Verbesserungen führen können.

Individuelle Verantwortung zeigt sich beispielsweise im politischen Engagement von Personen. Dies kann bereits durch die Teilnahme an Wahlen, die Unterstützung von politischen Parteien oder auch die Teilnahme an Demonstrationen geschehen. Das Jahr 2022 ist ein bekanntes Beispiel für Demonstrationen gegen den Krieg in der Ukraine. Zehntausende Menschen gingen auf die Straßen, um ein klares Signal gegen den Krieg zu setzen. Durch dieses Engagement auf politischer Ebene sahen sich Institutionen gezwungen, Veränderungen durchzuführen. Beispielsweise stellten viele Unternehmen wie adidas oder Dell ihre Geschäftsaktivitäten in Russland vollständig ein. Aber auch die Politik musste die Forderungen der Bürgerinnen und Bürger Deutschlands in Entscheidungsprozessen berücksichtigen, etwa in Bezug auf die Wirtschaftsbeziehungen. So wurde zum Beispiel ein neuer Plan zur Beschaffung von Erdgas entwickelt, das nicht mehr aus Russland stammte.

In diesem Zusammenhang zeigt sich, wie individuelle Verantwortung und politisches Engagement Hand in Hand gehen können, um Veränderungen auf institutioneller Ebene zu bewirken. Durch die aktive Beteiligung der Bürgerinnen und Bürger an politischen Prozessen können sie nicht nur ihre eigene Zukunft mitgestalten, sondern auch dazu beitragen, dass Unternehmen und politische Entscheidungsträger auf ihre Forderungen eingehen und nachhaltigere, gerechtere Lösungen entwickeln.

Eine Zusammenarbeit von Einzelpersonen und Institutionen ist dennoch notwendig, um globale Herausforderungen wie beispielsweise Klimawandel, Armut oder Menschenrechtsverletzungen zu lösen. Individueller Einfluss wirkt sich auf lokaler und nationaler Ebene aus, während Institutionen und internationale Kooperationen Veränderungen über nationale Grenzen hinweg bewirken können. Eine Zusammenarbeit ist also erforderlich, damit sich positive Veränderungen auf alle Länder ausweiten und nicht nur auf wirtschaftlich starke Nationen beschränkt bleiben.

Nida-Rümelin verdeutlicht in seinem Artikel, dass individuelle Verantwortung und das Engagement von Einzelpersonen essenziell sind, um gesellschaftliche Normen zu verändern. Indem sich Einzelpersonen aktiv für Veränderungen einsetzen, tragen sie dazu bei, dass Institutionen und Entscheidungsträger ihren Forderungen nachgehen und somit eine gerechtere und nachhaltigere Entwicklung der Welt ermöglichen.

Der Autor Nida-Rümelin argumentiert unter der Verwendung des Differenzierungsprinzips, dass um Gerechtigkeit zu erreichen, der globale Wohlstand gerecht verteilt werden muss. Dies erfordert eine globale Zusammenarbeit. Das Prinzip besagt, dass Ungleichheit genau dann gerecht ist, wenn sie auch dem am schlechtesten gestellten Teil der Gesellschaft nützt.[3] Ein Beispiel, wie dies erreicht werden könnte, wäre eine gerechtere Verteilung des globalen Vermögens, welches derzeit sehr ungleichmäßig aufgeteilt ist. Eine kleine Gruppe von Menschen besitzt einen erheblichen Anteil des globalen Vermögens, während der Großteil der Weltbevölkerung nur einen geringen Anteil besitzt. Eine globale Zusammenarbeit könnte dazu beitragen, die globale Vermögensverteilung gerechter zu gestalten und somit eine größere globale Gerechtigkeit zu erreichen.

Zusammenfassend zeigt dieser Text, dass individuelle Verantwortung und institutionelle Strukturen entscheidend zusammenwirken müssen, um nachhaltige und gerechte Veränderungen in unserer globalisierten Welt zu bewirken. Die Rolle des Einzelnen ist von großer Bedeutung, sei es bei der Gestaltung von Kaufentscheidungen, politischem Engagement oder Zusammenarbeit mit Institutionen. Durch die Anerkennung und Ausübung individueller Verantwortung und die Zusammenarbeit mit Institutionen können wir gemeinsam die Herausforderungen der globalisierten Welt bewältigen und eine bessere Zukunft für alle gestalten.

---

[3] bücher.de (2023).

3 ESG-Faktoren im Fokus: Bedeutung, Herausforderungen und Chancen für nachhaltiges Unternehmensmanagement und Leadership

In den letzten Jahren hat die Bedeutung von Umwelt-, Sozial- und Unternehmensführungsfaktoren, auch bekannt als „Environmental, Social, and Governance" (ESG), für Unternehmen zunehmend an Relevanz gewonnen. ESG-Kriterien haben sich zu einem wichtigen Instrument entwickelt, das Unternehmen bei der Bewertung und Überwachung ihrer Leistungen im Bezug auf Nachhaltigkeit nutzen. Stakeholder wie Kunden, Investoren, Medien und andere achten nicht mehr nur auf finanzielle Kennzahlen, die den Unternehmenserfolg widerspiegeln. Zusätzliche Faktoren, die durch ESG beschrieben werden, müssen von Unternehmen berücksichtigt werden, da die Gesellschaft sich ein Bild von einem Unternehmen macht, von welchem sie möglicherweise abhängig sind, um Erfolg zu erzielen.

Aus Sicht des Autors ist es wichtig festzuhalten, dass ESG ein Hilfsmittel für Unternehmen darstellt, um langfristigen Erfolg zu gewährleisten und zur nachhaltigen Entwicklung beizutragen. In dieser Arbeit werden wir die Bedeutung von ESG für das Management und die Führung von Unternehmen untersuchen, die Auswirkungen auf das unternehmerische Umfeld und die Umwelt analysieren, Kritikpunkte beleuchten und Empfehlungen für Unternehmen geben, wie sie ESG in ihre Geschäftsstrategie integrieren können.

Zunächst wird erläutert, was unter Environmental, Social und Governance zu verstehen ist und welche Bedeutung diese für das Leadership und Management haben. Ersteres bezieht sich auf Umweltfaktoren. Dabei geht es darum, welchen Einfluss ein Unternehmen auf die Umwelt hat bzw. welche Maßnahmen es ergreift, um nachhaltig zu agieren. Ein Beispiel hierfür wäre adidas, die aus dem Ozean gefischtes Plastik verwenden, um damit neue Produkte wie Schuhe herzustellen. Eine durchdachte Umweltstrategie trägt häufig dazu bei, Kunden von der Firma zu überzeugen und somit die Wettbewerbsfähigkeit von Unternehmen zu steigern. Die zweite Dimension bezieht sich auf den sozialen Aspekt, welcher die Auswirkungen eines Unternehmens auf die Gesellschaft betrifft. Unternehmen tragen die Verantwortung, sozial verantwortungsbewusst zu handeln und dazu beizutragen, soziale Probleme zu lösen. Die Förderung von Diversität und Gleichberechtigung von Frauen ist ein Beispiel für die soziale Dimension von ESG, da eine effektive ESG-

Strategie die Förderung von Vielfalt und Inklusion in allen Bereichen des Unternehmens umfasst. Eine wirkungsvolle Sozialstrategie kann das Image des Unternehmens stärken und somit die Kundenbindung verbessern, was zu einem Wettbewerbsvorteil führt. Die letzte Dimension bezieht sich auf die Art und Weise, wie ein Unternehmen geführt wird. Effektive Unternehmensführungsfaktoren verhindern Korruption und Missmanagement und stärken das Vertrauen der Stakeholder. Eine gute Governance-Struktur umfasst die Einhaltung von Gesetzen und Vorschriften, ist transparent und hat klar aufgeteilte Aufgaben. Beispielsweise kann die Schaffung einer Stelle für einen Chief Compliance Officer (CCO), der direkt an die Unternehmensführung berichtet, zu einer besseren Unternehmensführung beitragen.

ESG hat also eine wichtige Bedeutung für Leadership und Management. Eine angemessene ESG-Strategie trägt dazu bei, Umweltstandards zu erhöhen, soziale Probleme zu lösen und Vorschriften sowie Gesetze einzuhalten. Langfristig gesehen kann eine gut durchdachte ESG-Strategie den Unternehmenserfolg absichern, da sie nachhaltigen Erfolg durch verantwortungsvolles Handeln erzielt, welcher sich an den Bedürfnissen der Stakeholder orientiert.

Die Relevanz von ESG-Faktoren erstreckt sich jedoch nicht ausschließlich auf das Unternehmen selbst, sondern ebenso auf dessen Umgebung. Durch die Implementierung einer adäquaten ESG-Strategie sind Unternehmen in der Lage, ökologische und soziale Herausforderungen innerhalb ihrer jeweiligen Branche zu bewältigen und angemessen darauf zu reagieren.

Die Bedeutung von ESG-Faktoren im unternehmerischen Umfeld lässt sich am Beispiel des Textilunternehmens adidas verdeutlichen. Im Hinblick auf den Umweltaspekt legt das Unternehmen Wert darauf, umweltfreundliche Materialien wie etwa Plastik aus den Ozeanen für die Produktion zu verwenden. Bezüglich des sozialen Aspekts achtet adidas darauf, gerechte Arbeitsbedingungen in den asiatischen Produktionsstätten zu gewährleisten, etwa durch faire Löhne, Arbeitssicherheitsmaßnahmen und die Einhaltung von Arbeitszeiten. Der Governance-Aspekt zeigt sich in der regelmäßigen Überprüfung und Auditierung der Lieferanten, um die Einhaltung festgelegter Standards sicherzustellen oder auch die Transparenz zu allen Stakeholdern.[4]

---

[4] adidas Geschäftsbericht 2020 (2021).

In Bezug auf das unternehmerische Umfeld geht es also darum, wie Unternehmen ESG-Faktoren in ihre Geschäftspraktiken, Entscheidungsprozesse und Strategien integrieren, um nachhaltigen Erfolg zu erzielen und gleichzeitig positive Auswirkungen auf die Gesellschaft zu gewährleisten.

Im Zusammenhang mit Nachhaltigkeit und ESG-Faktoren wird häufig der Begriff "Greenwashing" von Kritikern angeführt. Dabei handelt es sich um den Versuch von Unternehmen, sich als nachhaltig darzustellen, obwohl sie es in Wirklichkeit nicht sind. Sie versuchen, ein positives Image zu kreieren, ohne tatsächlich entsprechende Maßnahmen umzusetzen.[5] Deshalb ist es von großer Bedeutung, dass Unternehmen auf eine transparente Kommunikation mit allen Interessengruppen setzen. Die beteiligten Akteure sollten in der Lage sein, zu erkennen, ob das Unternehmen tatsächlich Maßnahmen zur Förderung von ESG-Themen ergreift oder lediglich Greenwashing betreibt. Eine Möglichkeit, wie Unternehmen ihre ESG-Maßnahmen transparent machen können, besteht darin, sie klar und einfach zugänglich unter dem Stichwort "Nachhaltigkeit" im Geschäftsbericht zu veröffentlichen.

Außerdem argumentieren Kritiker, dass ESG-Messungen aufgrund von Unterschieden bei der Gewichtung und Methodologie der Bewertungs- und Punkteanbieter nicht genau messbar sind.[6] Daraus ergibt sich, dass es schwieriger ist, eine eindeutige und verlässliche Bewertung von ESG-Leistungen zu erhalten, da es keine allgemein anerkannten Standards gibt und verschiedene Bewertungs- und Punkteanbieter unterschiedliche Methoden verwenden.

In einem strategischen Kontext kann die Integration von ESG-Faktoren dazu beitragen, langfristigen Unternehmenserfolg zu erzielen und Unternehmen dabei unterstützen, sich an veränderte Bedingungen in ihrem Umfeld anzupassen. Eine effektive ESG-Strategie sollte auf langfristige Nachhaltigkeitsziele ausgerichtet sein und das Vertrauen der Kunden durch entsprechende Handlungen gewinnen.[7] Durch die Einbindung von ESG in die Geschäftsstrategie können Unternehmen potenzielle Hindernisse in der Zukunft überwinden und so langfristig einen Wettbewerbsvorteil erzielen, während sie gleichzeitig nachhaltige Ziele innerhalb und außerhalb ihrer Organisation verfolgen. Um dies zu erreichen, können beispielsweise ESG-Kennzahlen in die Unternehmensstrategie integriert werden, indem konkrete ESG-

---

[5] Vgl. Lucy Pérez, Vivian Hunt, Hamid Samandari, Robin Nuttall, Krysta Biniek (2022) S. 3.
[6] Vgl. Lucy Pérez, Vivian Hunt, Hamid Samandari, Robin Nuttall, Krysta Biniek (2022) S. 3.
[7] Vgl. Lucy Pérez, Vivian Hunt, Hamid Samandari, Robin Nuttall, Krysta Biniek (2022) S. 8.

Ziele durch die Implementierung solcher Kennzahlen festgelegt werden. Ein weiteres Beispiel wäre die Integration von ESG und Stakeholdermanagement. Dies könnte etwa durch die Einbindung von Stakeholdern in Entscheidungsprozesse realisiert werden, um deren Bedenken und Anforderungen in der Unternehmensstrategie zu berücksichtigen.

Zusammenfassend ist ESG von großer Bedeutung im Hinblick auf Führung und Management, das unternehmerische Umfeld und den strategischen Kontext. Die Berücksichtigung von Umwelt-, Sozial- und Governance-Faktoren trägt zur Stärkung der Wettbewerbsfähigkeit von Unternehmen bei, fördert das Vertrauen der Stakeholder und sichert somit den langfristigen Erfolg der Organisationen.

Trotz der Kritik an der Messbarkeit, Vergleichbarkeit der Kennzahlen und Herausforderungen wie dem "Greenwashing" bleibt ESG ein wichtiges Thema für Unternehmen. Es ist zu erwarten, dass seine Bedeutung in der Zukunft weiter zunehmen wird, da nachhaltiges Wirtschaften immer mehr an Relevanz gewinnt.

4 Eine verständliche Erklärung zum Thema KI für die Großfamilie beim nächsten Zusammentreffen

In den letzten Monaten habt ihr sicherlich von "Chat GPT" gehört und überall taucht das Thema Künstliche Intelligenz (KI) auf. Da dies ein Thema ist, das uns alle betrifft, möchte ich euch heute einen Artikel von Luciano Floridi vorstellen. Floridi ist ein renommierter Experte auf dem Gebiet der KI und hat über das Konzept der "Singularität" geschrieben - das ist der hypothetische Zeitpunkt in der Zukunft, an dem die künstliche Intelligenz die menschliche Intelligenz weit übertrifft.

Ich werde euch nun die wichtigsten Punkte aus Floridis Artikel erklären, damit ihr ein besseres Verständnis dafür bekommt, wie er einige der populären Ideen, wie die der "Singularität", auf den Boden der Realität zurückführt. So könnt ihr euch ein eigenes Bild davon machen, wie künstliche Intelligenz unsere Gesellschaft beeinflusst und welche Rolle sie in der Zukunft spielen könnte.

Bevor ich weiter ins Detail gehe, möchte ich noch einmal den Begriff "Singularität" erläutern. Die Singularität bezieht sich auf einen hypothetischen Zeitpunkt in der Zukunft, an dem die künstliche Intelligenz, die wir Menschen erschaffen haben, unsere eigene Intelligenz übertrifft und uns in vielerlei Hinsicht überlegen wird.

Um das Ganze etwas greifbarer zu machen, erinnert euch an den Film "I, Robot", den wir letzte Woche gemeinsam auf Netflix angeschaut haben. In diesem Film wird die Geschichte eines Polizeibeamten erzählt, der zusammen mit einem revolutionären Roboter einen Mord untersucht und dabei eine gefährliche Verschwörung aufdeckt, die das Schicksal der Menschheit bedroht. Solche Geschichten sind Beispiele dafür, wie die Idee der Singularität und die Rolle der künstlichen Intelligenz in der Populärkultur dargestellt werden.

In einfachen Worten erklärt der Autor, dass es zwei Gruppen von Menschen gibt, die unterschiedliche Ansichten über künstliche Intelligenz haben. Die "Singularitäre" glauben, dass KI eines Tages so intelligent wird, dass sie alles verändert, während die "Altheisten" denken, dass KI nur eine Sammlung von Computern und Algorithmen ist und niemals wirklich denken, wissen oder Bewusstsein haben kann. Die Altheisten sind also das genaue Gegenteil von den Singularitären. Der Autor betont jedoch, dass beide Seiten in dieser Debatte nicht ganz richtig liegen, und es ist wichtiger, die

Auswirkungen der immer intelligenter werdenden Technologien auf unser Leben und Selbstverständnis zu betrachten.

Besonders interessant in dem Artikel fand ich den Turing-Test, der dazu dient, eine künstliche Intelligenz (KI) zu prüfen. Bei diesem Test gibt es zwei Teilnehmer in getrennten Räumen, von denen einer ein Mensch ist und der andere ein Computer bzw. eine KI. Man stellt beiden Fragen, ohne zu wissen, wer der Mensch und wer die KI ist. Wenn man aufgrund der Antworten keinen Unterschied zwischen Mensch und KI erkennen kann, hat die KI den Test bestanden. Obwohl das Prinzip ziemlich einfach klingt, hat bisher noch keine KI den Test wirklich erfolgreich absolviert.

Letztendlich betont der Autor, dass wir uns keine Sorgen darüber machen müssen, dass KIs unser Leben irgendwann komplett übernehmen. Stattdessen sollten wir uns auf die konkreten Herausforderungen konzentrieren, bei denen KI uns tatsächlich helfen kann. Zum Abschluss des Artikels nennt der Autor fünf beispielhafte Herausforderungen, die von Künstlicher Intelligenz angegangen werden sollten:

Erstens sollte Künstliche Intelligenz umweltfreundlich sein und dazu beitragen, unsere Umwelt zu schützen. Zweitens sollte sie menschenfreundlich gestaltet sein, um das Wohlergehen der Menschen zu fördern. Drittens sollte die "Dummheit" der KIs so genutzt werden, dass sie unsere menschliche Intelligenz ergänzt und unterstützt. Viertens sollte die Vorhersagekraft der Künstlichen Intelligenz dazu dienen, unsere Freiheit und Autonomie zu erhalten und zu stärken. Schließlich sollte Künstliche Intelligenz uns dabei helfen, uns noch menschlicher zu entwickeln und zu entfalten.[8]

Ich persönlich glaube auch, dass KI keine Bedrohung für uns darstellen muss, wenn wir sie richtig anwenden und kontrollieren. Denkt nur mal darüber nach, wie Künstliche Intelligenz uns im Alltag unterstützen kann. Ich selbst habe zum Beispiel jede Woche Stunden damit verbracht, meine E-Mails freundlicher zu formulieren, da ich ein sehr direkter Mensch bin. Jetzt kopiere ich einfach den gesamten Text in ChatGPT, und die KI verfasst meine E-Mail viel professioneller. Das hat mir schon viel Zeit und Ärger erspart.

Wir sollten Künstliche Intelligenz also nicht als Bedrohung ansehen, sondern sie sinnvoll nutzen, um unseren persönlichen Alltag zu erleichtern und zu verbessern.

---

[8] Vgl.Floridi (o.J.) S. 15.

Wenn wir verantwortungsbewusst mit KI umgehen, können wir ihre Vorteile genießen, ohne ihre möglichen Risiken zu befürchten

Literaturverzeichnis

adidas Geschäftsbericht 2020 (2021): Unser Ansatz - adidas Geschäftsbericht 2020, 03.05.21, bezogen unter: https://report.adidas-group.com/2020/de/konzernlagebericht-unser-unternehmen/nachhaltigkeit/unser-ansatz.html, Zugriff am: 24.03.2023

bücher.de (2023): Das Unterschiedsprinzip von John Rawls, 20.03.23, bezogen unter: https://www.buecher.de/shop/entwicklungsoekonomie/das-unterschiedsprinzip-von-john-rawls/steffens-marec-bla/products_products/detail/prod_id/25963714/#table_of_contents, Zugriff am: 20.03.2023

Floridi, L. (o.J.): Ultraintelligent Machines, Singularity, and Other Sci-fi Distractions about AI

adidas (2022): KREATIVER UMGANG MIT PLASTIK, 01.10.22, bezogen unter: https://www.adidas.de/blog/361041-kreativer-umgang-mit-plastik, Zugriff am: 21.03.2023

Lucy Pérez, Vivian Hunt, Hamid Samandari, Robin Nuttall, Krysta Biniek (2022): Does ESG really matter—and why?

Nida-Rümelin, J. / Daniels, D. von / Wloka, N. (Hrsg.) (2019): Internationale Gerechtigkeit und institutionelle Verantwortung, Berlin/Boston: De Gruyter

BEI GRIN MACHT SICH IHR
WISSEN BEZAHLT

- Wir veröffentlichen Ihre Hausarbeit, Bachelor- und Masterarbeit

- Ihr eigenes eBook und Buch - weltweit in allen wichtigen Shops

- Verdienen Sie an jedem Verkauf

Jetzt bei www.GRIN.com hochladen und kostenlos publizieren